Das macht Sie & Ihn an.

Anna Cavelius
Monika Schuster

food for love

Rezeptfotos: Maike Jessen

Inhalt

Vorwort

Ich brannte vor Begierden, und ich schickte mich an, diese zu befriedigen, aber es bedurfte nur eines Kusses, um mich zu beruhigen, und der Worte: »Warten wir bis nach dem Essen!«

(Giacomo Casanova, *Geschichte meines Lebens*, Band 2)

Weißes Porzellan und Tafelsilber schimmern im **Kerzenlicht**. Champagner perlt in langstieligen, hauchdünnen Gläsern. Am Rand der sanft gewölbten Blütenblätter einer Rose hängen Wassertröpfchen. Die dunkel-lockende Melodie eines Saxophons erklingt im Hintergrund. In der Luft hängt ein **schwacher Duft** nach Safran und Vanille, nach Ingwer und Erdbeeren. … Wie auch immer Sie Ihr kulinarisches Rendezvous, Ihr Liebesmenue oder Ihren heimeligen Abend zu zweit gestalten wollen: Hier finden Sie mit (angeblich) **amourösen Wirkkräften** ausgestattete Lebensmittel, die ein Garant für Sinnesfreuden aller Art sind – natürlich nur in einer entsprechenden Inszenierung.

Ein Abend kann lang sein. Es lebe das Leben, es lebe die Liebe. Bon appétit!

Auster

»Als ich zur Place Clichy kam, verspürte ich richtigen Heißhunger. Ich blieb vor einem Fischrestaurant in der Avenue de Clichy stehen und studierte die ausgehängte Speisekarte. Ich hatte Lust auf Muscheln, Hummern, Austern ...«

(Henry Miller, *Stille Tage in Clichy*)

Verzückt berichtet der griechische Geschichtsschreiber Hesiod, wie die schönste aller Göttinnen aus dem Schaum des Meeres entstieg: Aphrodite, Göttin der Liebe. Der Zauber der Schaumgeborenen wohnt heute noch in den Früchten des Meeres. Austern, die verführerischen Tränen des Meeres, schmecken wie ein Sprung in schäumende Wogen. Ihr schillerndes, geschmeidiges Inneres, das lustvoll geschlürft sein will, um das zart-nussige Aroma zu entfalten, erweckt die Vorfreude auf andere, sinnliche Genüsse. Für den größten Verführer des Ancien Régime, Giacomo Casanova, war der regelmäßige Verzehr der edlen Muschel ein »Ansporn für den Geist und für die Liebe«, – weshalb er abends gern ein Dutzend und mehr davon verspeiste.

Fleischige Austern in Tempura

Außergewöhnliches für Extravagantes

Zubereitungszeit: 40 Min.

Für 2 Personen

200 g grüne Papaya (Asiamarkt; wahlweise Salatgurke)

1 Stück Frühlingslauch (20 g)

1 Zweig frischer Koriander

Saft von 1/2 Limette

Meersalz, z.B. Fleur de Sel

2 Prisen Zucker

schwarzer Pfeffer

12 Felsenaustern, z.B. Fines de claires

Für den Teig:

10 g Tempuramehl (Asiamarkt)

15 ml Austernwasser (beim Öffnen der Austern auffangen)

1/2 TL Pflanzenöl

Cayennepfeffer

300 g Frittierfett oder Pflanzenöl

1 Die Papaya schälen, halbieren, entkernen und in grobe Streifen hobeln. Den Frühlingslauch putzen und schräg in feine Ringe schneiden. Den Koriander waschen, trockenschütteln und grob schneiden.

2 Papaya, Frühlingslauch, Koriander und Limettensaft vermischen und mit Meersalz, Zucker und Pfeffer abschmecken.

3 Die Austern öffnen und die Flüssigkeit durch ein feines Sieb gießen. Die Austern herauslösen, von evtl. Schalenresten befreien und mit einem Küchenpapier trockentupfen. Tiefe Austernschalen auswaschen.

4 Das Tempuramehl mit den 15 ml aufgefangenem Austernwasser und 1/2 TL Pflanzenöl verrühren. Mit Meersalz und 1 Prise Cayennepfeffer würzen und 10 Min. quellen lassen.

5 Das Frittierfett in einem kleinen hohen Topf erhitzen. Die Austern in den Teig tauchen, nacheinander ins heiße Fett geben und etwa 1 Min. goldbraun backen. Herausheben und auf Küchenpapier abtropfen lassen.

6 Den Papayasalat portionsweise in den sauberen Austernschalen verteilen, die gebackene Austern darauf setzen und sofort servieren.

Austern mit Pfiff

12 frische Austern oder mehr, z. B. Fines de claires, Belon, Imperial etc. – einfach ausprobieren.

Himbeer-Schalotten

Zubereitungszeit: 20 Min.

Für 12 Austern
1 kleine Schalotte (30 g)
3 EL Himbeeressig
2 Prisen Zucker
schwarzer Pfeffer

1 Die Schalotten schälen und fein würfeln. Mit Himbeeressig verrühren und mit Zucker und reichlich schwarzem Pfeffer abschmecken.

2 Die Austern öffnen, evtl. Schalenreste entfernen und mit den Himbeer-Schalotten servieren.

TIPP

Austernliebhaber können nicht genug bekommen von dem außergewöhnlichen Geschmack und der Wirkung dieser besonderen Muschel. Für viele ist daher 1 oder 2 Dutzend gar kein Problem. Und ein Gläschen Champagner dazu ist fast ein Muss!

Zitronenpfeffer

Zubereitungszeit: 25 Min.

Für 12 Austern

Saft von 1 Zitrone

abgeriebene Schale von 1/2 Bio-Zitrone

1/2 TL schwarze Pfefferkörner

1/2 Bund frischer Schnittlauch

1 Prise Zucker

1 Zitronensaft und -schale verrühren. Die Pfefferkörner im Mörser grob zerstoßen. Den Schnittlauch waschen, trockenschütteln und in feine Röllchen schneiden.

2 Pfeffer und Schnittlauch mit Zitronensaft verrühren und mit Zucker abschmecken.

3 Die Austern öffnen, evtl. Schalenreste entfernen und mit dem Zitronenpfeffer servieren.

Chili

»An Marcolineus seufzendem Verlangen, …an der immer wieder erneuten Glut, mit der sie seine Zärtlichkeiten empfing, erkannte er bald, dass sie seine Entzückungen teilte, die ihm als höhere, ja von neuer, anderer Art erschienen, als er jemals genossen.«

(Arthur Schnitzler, *Casanovas Heimfahrt*)

Bereits die Aztekenkönige liebten es, sich vom wilden Chilipfeffer anregen und zu rauschhaften Genüssen mit ihren schönen Geliebten verführen zu lassen. So übertrafen sich die Köche der hohen Herren in der Kreation immer neuer Speisen, in der sich die Vielfalt an Aromen einer Chilischote entfalten konnte. Auf der Zunge löst das älteste Gewürz der Neuen Welt ein wahres Feuerwerk an Geschmackskaskaden aus. Ein Chili-Gericht kann der vorläufige Höhepunkt eines Liebesmenüs sein, denn es lässt binnen Kürze die Außenwelt verschwimmen. Alle Sinne schärfen sich, und nach der ersten Woge sanften Schmerzes, die den Körper durchflutet, breitet sich ein Gefühl von Wohligkeit und sogar Lust nach weiteren Höhepunkten aus.

Chilihühnchen mit Salbei und Birnen

Eine scharfe Sache

Zubereitungszeit: 35 Min.

Für 2 Personen

2 Hühnerbrüste mit Haut (à 140 g)

6 mittelgroße Salbeiblätter

Salz, schwarzer Pfeffer

1 kleine rote Chilischote

2 EL Olivenöl

Für das Gemüse:

150 g Babymöhren mit Grün (etwa 16 Stück)

1 reife Birne (150 g)

1 EL Butter

1 Prise Zucker

1 Prise gemahlener Koriander

2 EL Mascarpone

2 EL Milch

1 TL fein geschnittene glatte Petersilie

1 Hühnerbrüste kalt abbrausen und trockentupfen. Je 3 Salbeiblätter unter die Haut stecken und von beiden Seiten mit Salz und Pfeffer würzen.

2 Die Chilischote waschen, halbieren, die Kerne herauskratzen und das Fruchtfleisch fein schneiden.

3 Das Olivenöl in einer Pfanne erhitzen, die Hühnerbrüste mit der Hautseite nach unten einlegen, ca. 8 Min. bei mittlerer Hitze braten, wenden und in weiteren 7 Min. fertig garen. Die Chilistücke kurz vor Garende dazugeben.

4 Inzwischen die Möhren waschen, in Salzwasser etwa 5 Min. bissfest kochen, eiskalt abschrecken und dann die Außenhaut abziehen.

5 Die Birne bei Bedarf schälen, entkernen und in Spalten schneiden.

6 Die Butter in einem kleinen Topf erhitzen, die Möhren dazugeben, mit 1 Prise Zucker bestreuen und ca. 5 Minuten darin erhitzen. Zum Schluss die Birnen dazugeben, kurz durchschwenken und mit Salz und Koriander würzen.

7 Mascarpone und Milch glatt verrühren, mit Salz und Pfeffer würzen und mit der Petersilie verfeinern.

8 Die Hühnerbrüste mit dem Gemüse auf vorgewärmten Tellern anrichten und mit der Mascarponesauce beträufeln.

Gebackenes Rindertatar mit süßer Chilisauce

Geballte Fleischeslust – schön verpackt

Zubereitungszeit: 20 Min.

Für 2 Personen

1–2 Zweige frischer Koriander

2 Scheiben Knoblauch

1 Frühlingslauch (30 g)

400 g Rindertatar

1 Ei (M)

Salz, schwarzer Pfeffer

Cayennepfeffer

8 Wan-Tan-Blätter (Asiamarkt – 10x10 cm)

6-8 EL Pflanzenöl

Für die Sauce:

1 Stück Salatgurke (80 g)

6 EL Sweet Chilisauce (Asiamarkt)

1 Koriander und Knoblauch fein hacken; den Frühlingslauch putzen und schräg in feine Ringe schneiden.

2 Das Rindertatar mit Koriander, Knoblauch, Frühlingslauch und Ei mischen und kräftig mit Salz, Pfeffer und Cayennepfeffer abschmecken.

3 Das Rindertatar gleichmäßig auf 4 Wan-Tan-Blättern verteilen und mit den restlichen Teigblättern bedecken.

4 Die Gurke waschen, halbieren, entkernen, klein würfeln und mit der Chilisauce verrühren.

5 Das Pflanzenöl in einer großen Pfanne erhitzen, die Tatar-Päckchen einlegen und pro Seite etwa 1 1/2 Min. kross und medium (wer möchte, rosa) braten. Auf einem Küchenpapier abtropfen lassen, halbieren und mit der verfeinerten Chilisauce servieren.

TIPP

Zum Knabbern: Wan-Tan-Blätter kross braten und mit Chilisauce servieren.

Scharfe Tomatensuppe mit Melone

Ins Herz mit Amors Pfeilen

Zubereitungszeit: 45 Min.

Für 2 Personen

1 kleine Zwiebel (80 g)
2 EL Olivenöl
1 TL brauner Zucker
1 TL Tomatenmark
400 g Tomaten aus der Dose
400 ml Gemüsebrühe (Instant)
1/2 grüne Chilischote
1 Spritzer Gin
Meersalz, z.B. Fleur de Sel
schwarzer Pfeffer

Amors Pfeile:

1 Stück Netzmelone (50 g)
1 Stück Papaya (50 g)
50 g Baby-Mozzarellakugeln
4 Kirschtomaten (50 g)
4 Blätter Basilikum
etwas Olivenöl
2 EL Crème fraîche
1 EL Milch

1 Die Zwiebel abziehen und fein würfeln.

2 Das Olivenöl in einem kleinen Topf (20 cm ø) erhitzen, die Zwiebeln darin 3 Min. glasig dünsten, Zucker und Tomatenmark dazugeben, kurz durchrühren und mit den Tomaten und der Gemüsebrühe ablöschen; aufkochen und 20 Min. bei geringer Hitze köcheln lassen.

3 Die Chilischote waschen, nach Schärfewunsch (die Kerne sind die wirklichen Feuerteufel) entkernen und das Fruchtfleisch fein schneiden.

4 Die Suppe mit dem Stabmixer pürieren und mit Chili, Gin, Meersalz und Pfeffer abschmecken.

5 Melone und Papaya schälen, entkernen und in mundgerechte Stücke schneiden.

6 Im Wechsel 1 Fruchtstück mit den Mozzarellakugeln und halbierten Kirschtomaten auf die Spieße stecken; mit Meersalz und Pfeffer würzen und einigen Tropfen Olivenöl beträufeln.

7 Das Basilikum waschen, in feine Streifen schneiden und über die Spieße streuen. Crème fraîche und Milch glatt rühren.

8 Die Suppe in vorgewärmte Schälchen füllen, kleine Tupfen Crème fraîche darauf verteilen, mit einem Holzspieß aus der Mitte der Crème ein Herz ziehen und mit den Fruchtspießen dekoriert servieren.

Erdbeere

»Wär' nur der Winter erst vorbei, und
wieder grün der Wiesengrund! …
ich bin so wild nach deinem Erdbeermund!«

(vermutlich François Villon, *Eine verliebte Ballade für ein Mädchen names Yssabeau*)

Leichtigkeit und Übermut bestimmen laue Frühsommernächte. Mit der Wärme kommt die Lust auf Flirt und Frivolität, auf hingehauchte Küsse und zarte Berührungen. Gerade die ersten Früchte nach den kühlen Wintermonaten verlocken zum unbeschwerten Genuss. Erdbeeren gelten seit tausenden von Jahren als Symbol für Fruchtbarkeit und Jugendfrische. Die Germanen widmeten die prallen roten Sommerboten ihrer Liebesgöttin Freya. Ihre sonnendurchtränkte Süße und ihre delikate Form machen Erdbeeren auch auf dem Teller zur unschuldigen Verführerin. Pauline Bonaparte, die frivole Schwester des französischen Kaisers, schätzte die Beeren zusammen mit Champagner als fruchtiges Hors d'oeuvre für erotische Abenteuer.

Liebesbarometer mit Erdbeeren und Minze

Grün für »Hoffnung« und rot für »Liebe«

Zubereitungszeit:
25 Min. (ohne Kühlzeit)

Für 2 Personen

1 1/2 Blatt Gelatine
100 g Erdbeeren
1 1/2 EL Puderzucker (30 g)
100 g saure Sahne
1 Spritzer Zitronensaft
1 Msp. abgeriebene Bio-Zitronenschale
100 g Sahne
1 1/2 EL Pfefferminzlikör
einige Tropfen grüne Lebensmittelfarbe
frische Minze und 2 Erdbeeren zum Garnieren

1 Gelatine in kaltem Wasser einweichen.

2 Die Erdbeeren verlesen, waschen, putzen, vierteln, mit 1/2 EL Puderzucker in ein hohes Gefäß geben und mit dem Stabmixer fein pürieren.

3 Den restlichen Puderzucker mit der sauren Sahne, Zitronensaft und Zitronenabrieb glatt verrühren. Die Sahne nicht zu steif aufschlagen.

4 Die Gelatine ausdrücken und in einem kleinen Töpfchen auf dem Herd auflösen – nicht kochen! 1 EL geschlagene Sahne in die Gelatine rühren und die Mischung in der sauren Sahne glatt verrühren. Dann die restliche Schlagsahne unterheben.

5 Etwa 4 EL Sauerrahmmousse mit den pürierten Erdbeeren verrühren, in Portionsgläser füllen und kurz tiefkühlen.

6 Das restliche Sauerrahmmousse mit Pfefferminzlikör verrühren und mit einigen Tropfen Lebensmittelfarbe zart grün einfärben.

7 Die grüne Mousse auf die leicht angezogene Erdbeercreme geben, abdecken und für 2–3 Std., besser über Nacht, kühlen.

8 Die »Liebesbarometer« mit klein geschnittenen Erdbeeren und frischer Minze garnieren und servieren.

Champagner-Gelee mit Erdbeeren

Prickelndes Vergnügen im Mund

Zubereitungszeit:
25 Min. (ohne Kühlzeit)

Für 2 Personen

2 Blatt Gelatine

2 EL Zucker

150 g Erdbeeren

150 ml Champagner oder Sekt

Für das gewisse Etwas:

2 EL Mascarpone (40 g)

3 EL Naturjoghurt (60 g)

1 EL Puderzucker

1 Msp. abgeriebene Bio-Orangenschale

frische Zitronenmelisse und 2 Erdbeeren zum Garnieren

1 Gelatine in kaltem Wasser einweichen.

2 Den Zucker mit 100 ml Wasser verrühren und in einem kleinen Topf etwa 10 Min. auf die Hälfte einkochen lassen; etwas abkühlen lassen und die Gelatine im warmen Sirup (50 ml) auflösen.

3 Die Erdbeeren verlesen, waschen, putzen, in kleine Würfel schneiden und portionsweise z.B. in Champagnerschalen verteilen.

4 Champagner oder Sekt vorsichtig in den Sirup einrühren (nicht zu stark rühren, damit sich die Bläschen nicht auflösen), über die Erdbeeren gießen, abdecken und für 2–3 Std., besser über Nacht, kühl stellen.

5 Mascarpone, Joghurt, Puderzucker und Orangenschale verrühren und mit dem Stabmixer schaumig aufschlagen.

6 Das Champagnergelee mit dem Mascarponeschaum, den frischen Erdbeeren und der Zitronenmelisse garniert servieren.

Feige

»Sabeth fand es eine Glanzidee von mir,
einfach weiter zu wandern,
in die Nacht hinaus und
unter einem Feigenbaum zu schlafen…«

(Max Frisch: *homo faber*)

Strotzend drängen unter heißer Sommersonne die Früchte des Feigenbaums hervor. Mit derselben Lust warf sich Zeus einst in ein Schwanengewand, um sich mit der entzückenden Leda zu vergnügen. Süß und saftig zergeht das Fruchtfleisch der Feige auf der Zunge und macht Geschmack auf sommerliche Liebesspiele. Kein Wunder, dass Urvater Adam ihrem Genuss nicht widerstehen konnte. Handelte es sich doch bei der verbotenen Paradiesfrucht nicht um einen Apfel, sondern um eine Feige, wie im jüdischen Talmud zu lesen ist. Die herzförmige, samtweiche Frucht verkörpert seit jeher die Feier des Lebens – so wurde Bacchus, der Gott der Ekstase und Fruchtbarkeit, mit Feigen und Weintrauben geehrt. Wer seiner Geliebten ein Körbchen Feigen mitbrachte, verriet jedenfalls eindeutige Absichten auf ein zügelloses Nachspiel …

Ente mit flambierten Feigen

Feuer für alle Sinne

Zubereitungszeit: 35 Min.

Für 2 Personen

1 Entenbrust (400 g)

Salz

1 EL Pflanzenöl

2 Zweige frischer Thymian

Für die Sauce

100 ml Rotwein

100 ml roter Portwein

20 ml Cassislikör (schwarzer Johannisbeerlikör)

2 1/2 EL kalte Butter

2 frische lilafarbene Feigen

1 Orange

1 Schuss Wodka

schwarzer Pfeffer

1 Den Backofen auf 120 °C (Umluft) vorheizen.

2 Die Entenbrust von evtl. Sehnen befreien, von beiden Seiten salzen und in eine kalte Pfanne mit 1 EL Pflanzenöl mit der Hautseite nach unten legen. Bei mittlerer Hitze etwa 5 Min. braten, wenden, mit Thymian belegen und im Ofen in etwa 20 Min. rosa garen.

3 Inzwischen für die Sauce Rotwein, Portwein und Cassislikör in einem kleinen Topf (20 cm ø) bei geringer Hitze etwa 15 Min. einkochen lassen.

4 Die Butter in kleine Würfel schneiden. Die Feigen bei Bedarf schälen und in Spalten schneiden. Die Orange gründlich schälen, so dass die weiße Haut mit entfernt wird. Das Fruchtfleisch zwischen den Trennhäuten herausschneiden.

5 1/2 EL Butter in einer kleinen Pfanne aufschäumen lassen, die Feigen darin etwa 1 Min. anbraten, mit dem Wodka beträufeln, mit einem langen Streichholz anzünden und flambieren. Sobald die Flamme erloschen ist, die Orangenfilets dazugeben, durchschwenken und die Pfanne vom Herd nehmen. Die restliche kalte Butter in die eingekochte Sauce rühren und mit reichlich schwarzem Pfeffer würzen.

6 Die Entenbrust aus dem Ofen nehmen, kurz ruhen lassen, aufschneiden und mit dem flambierten Feigenragoût und der Sauce anrichten.

Feigen mit Parmesan-Cannelloni

Süß und saftig

Zubereitungszeit: 25 Min.

Für 2 Personen

80 g Frischkäse
1 EL saure Sahne
2 getrocknete Tomaten in Öl (20 g)
1/2 Bund frischer Schnittlauch
Salz, schwarzer Pfeffer
30 g geriebener Parmesan
2 frische lilafarbene Feigen
hochwertiges Olivenöl
Meersalz, z.B. Fleur de Sel

1 Frischkäse und saure Sahne glatt verrühren. Die getrockneten Tomaten klein würfeln; den Schnittlauch waschen, trockenschütteln (einige Halme zur Dekoration beiseite legen) und in feine Röllchen schneiden.

2 Frischkäse, Tomaten und Schnittlauchröllchen verrühren und mit Salz und Pfeffer abschmecken.

3 Etwa 15 g Parmesan in eine kalte Pfanne (14 cm ø) streuen und bei geringer Hitze in ca. 2 Min. goldbraun schmelzen lassen. Vorsichtig mit einer Palette wenden, kurz weiter braten, herausnehmen, sofort über einen Metallstab oder ein Stück Rundholz legen und auskühlen lassen.

4 Die Pfanne abkühlen lassen, mit einem Küchenpapier ausreiben und den zweiten Parmesan-Cannelloni backen.

5 Den Frischkäse am besten in eine kleine Plastiktüte geben, die Spitze abschneiden und die Parmesanrolle damit füllen.

6 Die Feigen bei Bedarf schälen, in dünne Scheiben schneiden, auf einem flachen Teller auslegen, mit einigen Spritzern Olivenöl beträufeln und mit Meersalz und grobem Pfeffer würzen.

7 Je 1 Parmesan-Cannelloni darauf setzen und mit den Schnittlauchhalmen garnieren.

Granatapfel

»Willst du schon gehen? Der Tag ist ja noch fern.
Es war die Nachtigall und nicht die Lerche,
Die eben jetzt dein banges Ohr durchdrang;
Sie singt des Nachts auf dem Granatbaum dort.
Glaub' Lieber mir, es war die Nachtigall.«

(W. Shakespeare, *Romeo und Julia*, übers. von A. W. v. Schlegel)

Die erste Liebesnacht vergeht für das junge Paar wie im Flug, und Julia möchte ihren Geliebten noch nicht aus ihren Armen entlassen. Doch singt im Granatapfelbaum, der die Liebenden des Nachts beschirmte, schon längst die Lerche ihr Morgenlied, und Romeo muss von seiner Schönen lassen. Seit der Antike werden die betörenden Kräfte der goldfarbenen, rundlich-schweren Früchte jenes Baums geschätzt. Erst aufgebrochen offenbaren sie ihr süßes Inneres aus unzähligen rötlichen Fruchtkügelchen. Auf den Liebeszauber der zarten Kerne vertraute auch Hades, der dunkle Herrscher der Unterwelt, der damit nicht nur seine geliebte Persephone verführen, sondern sie sogar dazu überreden konnte, wenigstens die Wintermonate an seiner Seite zu verbringen.

Liebestrunk mit Granatäpfeln und Garnelen

Betörend fruchtig – für heiße Nächte

Zubereitungszeit: 25 Min.

Für 2 Personen

1/2 kalte Netzmelone (600 g)
6 Stück mittelgroße Garnelen, ohne Kopf und Schale
1 EL Olivenöl
Salz, schwarzer Pfeffer
100 ml eiskalter Prosecco
2 TL Granatapfelsirup
einige Blätter rotes Basilikum
etwas Olivenöl zum Beträufeln
etwa 2 TL Granatapfelkerne

1 Die Melone entkernen, schälen und in grobe Stücke schneiden. Das Fruchtfleisch in einem hohen Gefäß mit dem Stabmixer fein pürieren.

2 Die Garnelen kalt abbrausen, trockentupfen, vom Darm befreien und so der Länge nach halbieren, dass sie am Schwanzende zusammenbleiben (Schmetterlingschnitt).

3 Das Olivenöl in einer Pfanne erhitzen, Garnelen mit Salz und Pfeffer würzen und in der Pfanne von beiden Seiten in insgesamt 2 Min. braten.

4 Prosecco vorsichtig unter das Melonenpüree rühren, in Portionsgläser oder Tassen füllen und den Granatapfelsirup dekorativ darauf verteilen.

5 Die Garnelen separat auf kleinen Tellern anrichten, mit dem klein gezupften Basilikum bestreuen, mit Olivenöl beträufeln, den Granatapfelkernen garnieren und zum Liebestrunk servieren.

Granité vom Granatapfel mit weißer Sauce

Erhellt die Sinne

Zubereitungszeit:
20 Min. (ohne Gefrierzeit)

Für 2 Personen
300 ml kräftiger Rotwein
Saft 1/2 Orange (50 ml)
1/2 Vanilleschote
1 Prise Zimt
200 ml Granatapfelsirup
2 EL Naturjoghurt

1 Rotwein und Orangensaft in einem kleinen Topf erwärmen.

2 Die Vanilleschote der Länge nach halbieren und das Mark herauskratzen.

3 Vanilleschote samt Mark und Zimt zum Rotwein geben und 5 Min. ziehen lassen.

4 Die Flüssigkeit durch ein Sieb gießen und mit dem Granatapfelsirup verrühren.

5 Eine viereckige Form (30 cm x 18cm) mit Klarsichtfolie auslegen, die Rotweinmischung einfüllen und einfrieren. Nach etwa 4 Std. mit einer Gabel aufschaben und am besten über Nacht weiter frieren.

6 Kurz vor dem Servieren den Joghurt mit dem Stabmixer schaumig aufschlagen. Das Granité mit der Joghurtsauce servieren.

TIPP

Je nach Geschmack noch mit frischen Granatapfelkernen bestreuen.

Ingwer

»... und da sie damals in der Blüte standen, strömten sie zusammen mit den anderen Gewächsen, die im Garten dufteten, einen solchen Wohlgeruch aus, dass sich die Gesellschaft mitten unter aller Spezerei des Morgenlandes versetzt wähnte.«

(Giovanni Boccaccio, *Das Dekameron*, Der dritte Tag)

Im Paradiesgarten des Spätmittelalters wuchsen im Schutz von Mauern bereits exotische Gewürzpflanzen, die die Luft mit einem erregenden Duft schwängerten. Die Gäste des toskanischen Landguts aus dem Dekameron wussten den Liebesgarten als Ort sinnlicher Begegnung wohl zu schätzen und verlustierten sich hier beim Erzählen erotischer Begebenheiten. Zu den Spezereien des Morgenlandes, die die Besucher erfreuten, gehörte auch der Ingwer mit seiner seidig zarten Knolle. In China gehört er seit altersher zu den wichtigsten Gewürzen, stärkt er doch das Yang, die Lust und männliche Energie. Um den amourösen Appetit ihres Galans zu steigern, griff auch die Dubarry zu der scharfen Knolle, um Ludwig XV. unvergessliche Stunden zu bescheren.

Ingwersuppe mit Jakobsmuscheln

Verführung durch die Kraft der Aromen

Zubereitungszeit: 30 Min.

Für 2 Personen

1 Stange Zitronengras (20 g)
1 TL Zucker
1/2 TL rote Currypaste (Asiamarkt)
2–3 frische Zitronenblätter
400 ml Kokosmilch
300 ml Gemüsebrühe (Instant)
40 g Champignons
40 g Zuckerschoten
3 Babymaiskolben
2 Scheiben frischer Ingwer (etwa 10 g)
einige Spritzer Fischsauce
einige Spritzer Limettensaft
Salz
4 geputzte Jakobsmuscheln ohne Rogen (120 g)
1 EL Pflanzenöl
1 Zweig frischer Koriander
einige Blätter frische Minze
Meersalz, z.B. Fleur de Sel

1 Das Zitronengras etwas andrücken und grob zerkleinern.

2 Zucker und Currypaste in einem Topf (20 cm ø) erhitzen, Zitronengras und Zitronenblätter dazugeben, mit Kokosmilch und Gemüsebrühe ablöschen, aufkochen und 15 Min. bei geringer Hitze köcheln lassen.

3 Inzwischen die Champignons und Zuckerschoten putzen, die Champignons in feine Scheiben, die Zuckerschoten schräg in feine Streifen und die Maiskolben schräg in kleine Ringe schneiden. Den Ingwer schälen, fein würfeln und beiseite stellen.

4 Die Kokossuppe durch ein feinmaschiges Sieb in einen Topf abgießen und mit dem Stabmixer pürieren. Das klein geschnittene Gemüse einlegen und 5 Min. bei geringer Hitze ziehen lassen. Erst jetzt die Suppe mit Ingwer, Fischsauce und Limettensaft würzen und leicht salzen.

5 Die Jakobsmuscheln quer halbieren, im heißen Pflanzenöl auf einer Seite etwa je 1/2 Min. braten, wenden, die Pfanne vom Herd nehmen, erst jetzt mit Meersalz würzen und noch kurz ziehen lassen.

6 Die Kräuter waschen, trockenschütteln, grob schneiden und zum Schluss in die Suppe geben.

7 Die aromatische Kokossuppe mit den Jakobsmuscheln in vorgewärmten Schälchen anrichten und servieren.

Lachsspieß mit Honig-Ingwer-Marinade

Bringt das Blut in Wallung

Zubereitungszeit: 30 Min.

Für 2 Personen

1 Scheibe Ingwer (etwa 5 g)
1 EL Sojasauce
1 EL Honig
250 g frischer Lachs ohne Haut und Gräten

Für die scharfen Gurken:

250 g Salatgurke
1/2 rote Chilischote
1 EL Reisessig (Asiamarkt)
1 Prise Zucker
2 EL Pflanzenöl
Salz, schwarzer Pfeffer
1/2 TL schwarzer Sesam
1/2 TL weißer Sesam
Meersalz, z. B. Fleur de Sel

Außerdem :

4 Holzspieße

1 Den Ingwer schälen und fein würfeln, dann mit der Sojasauce und dem Honig verrühren.

2 Den Lachs in 16 etwa 3 cm große Würfel schneiden, je 4 Stück auf je 1 Holzspieß aufstecken, mit der gewürzten Sojasauce beträufeln und 15 Min. ziehen lassen.

3 Die Gurke »streifig« schälen, längs halbieren, entkernen und schräg in dünne Scheiben schneiden. Die Chilischote waschen, entkernen und das Fruchtfleisch fein schneiden.

4 Salatgurke, Chili, Reisessig, Zucker und 1 EL Pflanzenöl verrühren und mit Salz und Pfeffer abschmecken.

5 Das restliche Pflanzenöl in einer Pfanne erhitzen, die Lachsspieße einlegen, 1 Min. braten, je 2 Spieße mit weißem und mit schwarzem Sesam bestreuen, wenden und die Pfanne vom Herd nehmen. Die Spieße mit der restlichen Marinade beträufeln.

6 Die scharfen Gurken mit je 1 »weißen« und 1 »schwarzen« Lachsspieß anrichten und mit der heißen Marinade beträufeln. Mit Fleur de Sel würzen und servieren.

Kaviar

»Also brachte ich drei Orchideen mit, und Pamela war so hinreißend schön wie noch nie … Als Vorspeise gab es gekochten Steinbutt, umlegt mit gebackenen Austern und übergossen mit einer feinen Holländischen Sauce, in welche Kaviar gerührt war.«

(Johannes Mario Simmel, *Es muss nicht immer Kaviar sein*)

Die glänzenden Perlen des Kaviar lassen die Augen des Genießers erstrahlen. Kaviar vom Stör gilt als Gipfel lukullischer Genüsse. »Cav-Jar« nannten die persischen Fischer das schwarze Gold, »Kuchen der Freude«. Phönizische Händler brachten die kostbaren Kügelchen, die höchste Gaumenfreuden versprechen und deren Genuss die Sinne anregt, an den Hof der Herrscher vom Nil und der römischen Adelsgeschlechter. Auch die große russische Zarin, Förderin der Schönen Künste und unersättliche Liebhaberin, Katharina die Große, ließ sich jeden Morgen ein Kaviaromelette mit einer Kanne Tee und einem Schuss Wodka servieren, um so gestärkt die täglichen Regierungsaufgaben zu erledigen und sich danach in nächtlichen Ausschweifungen verlieren zu können.

Pochiertes Ei im Glas mit Kaviar

nur vom Feinsten

Zubereitungszeit: 15 Min.

Für 2 Personen

1 TL Butter

2 Eier (M)

Salz

1 Stück Frühlingslauch (10 g)

2 TL Crème fraîche

50 g Lachskaviar

Außerdem:

2 kleine feuerfeste Glasformen mit Deckel

oder kleine Einmachgläser

1 Die Formen mit Butter ausstreichen, jeweils ein Ei hineinschlagen, das Eiweiß leicht salzen und die Formen verschließen.

2 Die Gläser ins heiße Wasserbad stellen und die Eier darin in ca. 10 Min. weich garen.

3 Inzwischen den Frühlingslauch putzen, in möglichst feine Streifen schneiden und in kaltes Wasser legen.

4 Die Gläser aus dem Wasserbad nehmen, öffnen, die Eier mit je 1 Klacks Crème fraîche und Lachskaviar belegen, mit abgetropften Frühlingslauch bestreuen und sofort servieren.

TIPP

Die »echten und edlen Kaviarsorten« sind Beluga, Osietra oder Sevruga.
Sie unterscheiden sich im Geschmack, in der Körnung und natürlich auch im Preis.

Kaviarpasta mit Wodkasauce

Samtig-körniges Vorspiel

Zubereitungszeit: 20 Min.

Für 2 Personen
200 g Spaghettini
Salz
1 EL Butter
100 g Sahne
100 ml Gemüsebrühe (Instant)
2 EL Crème fraîche
2 EL Wodka
Meersalz, z.B. Fleur de Sel
Cayennepfeffer
1/2 Bund frischer Schnittlauch
50 g Forellenkaviar

1 Die Spaghettini nach Packungsanleitung in reichlich Salzwasser kochen, abgießen, wieder zurück in den Topf geben und die Butter in den heißen Nudeln schmelzen lassen.

2 Inzwischen Sahne und Gemüsebrühe in einem kleinen Topf (18 cm ø) aufkochen und 5 Min. bei mittlerer Hitze einkochen lassen.

3 Crème fraîche und Wodka einrühren, mit Meersalz und Cayennepfeffer abschmecken und gleich über die heißen Spaghettini geben, gut durchmischen und nochmals abschmecken.

4 Den Schnittlauch waschen, trockenschütteln und in feine Röllchen schneiden.

5 Die cremigen Nudeln auf vorgewärmten tiefen Tellern anrichten, mit Schnittlauch bestreuen und den Kaviar darauf verteilen.

Kartoffelnest mit Kaviar und Wachtelei

Husch, husch ins Nestchen

Zubereitungszeit: 35 Min.

Für 2 Personen

400 g mehlige Kartoffeln
Salz
100 g junger Blattspinat
1 kleine Schalotte (20 g)
1 1/2 EL Butter
2 EL Sahne
schwarzer Pfeffer
frisch geriebene Muskatnuss
4 Wachteleier
2 EL Crème fraîche
50 g Kaviar, z.B. Deutscher Seehasenrogen oder Sevrugakaviar

1 Die Kartoffeln waschen, schälen, je nach Größe halbieren oder vierteln und in Salzwasser etwa 20 Min. weich kochen.

2 Inzwischen den Spinat putzen, gründlich waschen und abtropfen lassen. Die Schalotte abziehen und fein würfeln.

3 1 EL Butter in einem kleinen Topf erhitzen und die Schalotten darin in ca. 3 Min. glasig dünsten. Den tropfnassen Spinat dazugeben und kurz durchschwenken; dann die Sahne untermischen und mit Salz, Pfeffer und Muskatnuss würzen.

4 Die restliche Butter in einer Pfanne erhitzen, die Schale der Wachteleier mit einem kleinen Messer anritzen, die Eier in der heißen Butter zu kleinen Spiegeleiern braten und leicht salzen.

5 Die Kartoffeln abgießen, sofort mit der Kartoffelpresse auf vorgewärmte Teller drücken und mit einem Löffel eine kleine Mulde hineindrücken. Spinat, Wachtelspiegeleier, Crème fraîche und Kaviar im vorbereiteten »Kartoffelnest« anrichten und sofort servieren.

Safran

»Du bist gewachsen wie ein Lustgarten von Granatäpfeln mit edlen Früchten, Zyperblumen mit Narden, Narde und Safran, Kalmus und Zimt, mit allerlei Weihrauchsträuchern, Myrrhe und Aloe, mit allen feinen Gewürzen.«

(Das Hohelied Salomos, Kap. 4, Z 13-14)

Wie betörend die Narben des violett blühenden echten Safrans auf den Liebenden wirken, preist Salomon begeistert im Hohelied der Liebe für seine junge Braut. Die unwiderstehliche Verführungskraft des ehemals kostbarsten und kaum mit Gold aufzuwiegenden Gewürzes ist legendär. Hera, die göttliche Gemahlin des Zeus, schmückte ihr Bett mit rot-goldenen Safranfäden, um ihrem Gatten wonnevolle Stunden zu bereiten. Auch im alten Rom gehörte das süß duftende Safranbett zum einladenden Liebesritual der Hochzeitspaare wohlhabender Adelsfamilien. Nur wenige Fäden der Kostbarkeit sind nötig, um ein Gericht mit nur einem Hauch des bitter-süßen Safranaromas zu überziehen und die Lust zweier Liebender auf wonnevolle Nachspiele zu entfachen.

Gebratener Seeteufel im Safransud

Wonne fürs Auge und Gemüt

Zubereitungszeit: 40 Min.

Für 2 Personen

250 g Seeteufelfilet

120 g Fenchelknolle mit Grün (120 g)

1 Stück Staudensellerie (80 g)

1 kleine Möhre (80 g)

1/2 Knoblauchzehe

5 EL Olivenöl

6–8 Safranfäden

50 ml Noilly Prat (weißer Wermut)

400 ml Fischfond

Meersalz, z. B. Fleur de Sel

4 Kirschtomaten

Cayennepfeffer

schwarzer Pfeffer

1 Das Seeteufelfilet kalt abbrausen, trockentupfen und in 6 gleich große Stücke schneiden.

2 Sämtliches Gemüse waschen und putzen; die Möhren schälen und in mundgerechte Stücke schneiden; die Knoblauchzehe abziehen und in Scheiben schneiden; das Fenchelgrün zur Seite stellen.

3 2 EL Olivenöl in einem Topf (24 cm ø) erhitzen und das Gemüse und den Knoblauch darin ca. 3 Min. dünsten. Dann die Safranfäden dazugeben, mit Noilly Prat und Fischfond ablöschen, aufkochen lassen und 20 Min. bei geringer Hitze köcheln lassen.

4 Den Seeteufel mit Meersalz würzen und in einer heißen Pfanne mit 2 EL Olivenöl von beiden Seiten in insgesamt 2 Min. braten. Aus der Pfanne heben und weitere 2 Min. im heißen Safransud ziehen lassen.

5 Die Kirschtomaten waschen und vierteln, das Fenchelgrün hacken; beides mit 1 EL Olivenöl mischen und mit Meersalz und Pfeffer abschmecken.

6 Den Seeteufel samt Safransud und Gemüse in vorgewärmten Tellern anrichten und mit den Kirschtomaten garnieren.

Safrannudeln mit Venusmuscheln

Der Göttin der Liebe gewidmet

Zubereitungszeit: 30 Min.

Für 2 Personen

1 kg Venusmuscheln (vongole veraci)

200 g Linguine

Salz

1 kleine Schalotte (30 g)

2 EL Olivenöl

6–8 Safranfäden

100 ml Weißwein

1/2 Bund glatte Petersilie

2 EL kalte Butter

Meersalz, z.B. Fleur de Sel

schwarzer Pfeffer

1 Spritzer Zitronensaft

1 Prise getrocknete Chiliflakes

1 Venusmuscheln gründlich waschen, bereits offene Muscheln aussortieren.

2 Die Linguine nach Packungsanleitung in reichlich Salzwasser kochen und abgießen (nicht abschrecken!!!).

3 Die Schalotte abziehen, halbieren und in feine Streifen schneiden.

4 Das Olivenöl in einem Topf (28 cm ø) erhitzen und die Schalotten darin etwa 3 Min. dünsten. Dann die Safranfäden und Muscheln dazugeben, mit Weißwein ablöschen, zudecken und 5 Min. köcheln lassen – dabei den Topf gelegentlich schütteln.

5 Die Petersilie waschen, trockenschütteln, die Blättchen abzupfen und grob hacken. Die kalte Butter klein würfeln.

6 Die heißen Nudeln und kalten Butterwürfel zu den Muscheln geben, alles gut miteinander vermischen und mit Meersalz, schwarzem Pfeffer, einem Spritzer Zitronensaft und Chiliflakes abschmecken.

7 Zum Schluss mit Petersilie bestreuen und sofort in vorgewärmten Tellern servieren; geschlossene Muscheln während dem Essen aussortieren.

Schokolade

»Denn die Fehler der Mädchen kommen,
wie Schokolade und Tabak,
dem Gaumen anfangs desto toller vor,
je besser sie ihm nachher schmecken.«

(Jean Paul: *Hesperus oder 45 Hundposttage*)

Quetzalcoatl, der Gärtner des Paradieses, vermachte nach toltekischer Legende den Menschen die Kakaobohnen. Gewürzt mit Chili und Vanille genossen die aztekischen Herrscher die »Speise der Götter« als anregendes Getränk, das Glücksgefühle zu wecken vermochte und Lust auf die Liebe machte. Nicht weniger als fünfzig Kelche gefüllt mit dem zartbitteren Zaubertrank soll Moctezuma täglich geschlürft haben. Wie die gottgegebene Ingredienz auch verwendet wird, ob als Gewürz, im Dessert oder in den zur Wirklichkeit gewordenen Träumen der Chocolatiers: Schokolade verleiht frische Kräfte, macht hellwach und verzaubert die Sinne. Selbst Goethe setzte auf die feinen »Täfelchen«, um seine letzte Liebe, das bezaubernde Fräulein von Levetzow, zu erobern.

Schokokuss mit eingelegten Kirschen

Einfach unwiderstehlich …

Zubereitungszeit: 30 Min.

Für 2 Personen

12 Kirschen mit Stiel (100 g)
2 EL Kirschlikör
20 g Puderzucker
20 g weiche Butter
1 Eiweiß (M)
1 Prise Salz
30 g Zartbitterkuvertüre
1 Eigelb (M)
20 g geriebene Mandeln
Hagelzucker und Puderzucker zum Bestreuen

Außerdem:

kleines Muffinblech für 12 Stück
kleine Papiermanschetten

1 Den Backofen auf 170 °C (Umluft) vorheizen.

2 Die Kirschen waschen, mit einem Holzspieß anpieksen und in den Kirschlikör einlegen.

3 Den Puderzucker sieben und mit der weichen Butter kräftig verrühren. Eiweiß und 1 Prise Salz steif aufschlagen.

4 Die Kuvertüre grob zerkleinern und über einem Wasserbad lauwarm schmelzen.

5 Schokolade, Eigelb und 1 TL Kirschlikör (von den eingelegten Kirschen) langsam in die schaumige Butter rühren und zum Schluss das geschlagene Eiweiß und die Mandeln unterheben.

6 Die Muffinform mit den Papiermanschetten auslegen. Die Schokomasse in einen kleinen Plastikbeutel füllen, die Spitze abschneiden und gleichmäßig in die vorbereiteten Förmchen füllen. Mit je einer Kirsche belegen, mit etwas Hagelzucker bestreuen und im Backofen etwa 15 Min. backen.

7 Die Schokobusserl aus dem Backofen nehmen, auskühlen lassen und nach Geschmack noch mit Puderzucker bestreuen.

Schokoladenfondue »süßes Früchtchen«

Für Schlemmermäuler

Zubereitungszeit: 15 Min.

Zutaten für 2 Personen

250 g Zartbitter- und Vollmilchkuvertüre (gemischt)

25 g Kokosfett

1 Msp. abgeriebener frischer Ingwer

1 Msp. abgeriebene Bio-Orangenschale

Für die süßen Früchtchen:

ca. 250 g Früchte/Person, wie z. B. Babyananas, Physalis, Mango, Birnen, Erdbeeren

Sonstige süße Beigaben:

je 1 Hand voll Amaretti, Madeleines oder Löffelbiskuit

geröstete gehackte Mandeln, gehackte Pistazien oder Haselnusskrokant, geröstete Kokoschips

1 Die beiden Kuvertüren grob zerkleinern und mit dem Kokosfett über dem heißen Wasserbad lauwarm schmelzen. Sobald alles miteinander verschmolzen ist, mit Ingwer und Orangenschale aromatisieren.

2 Die Früchte entsprechend vorbereiten, in mundgerechte Stücke schneiden und dekorativ anrichten.

3 Amaretti, klein geschnittene Madeleines oder Löffelbiskuits in kleinen Schälchen verteilen. Mandeln, Pistazien und Co. geben den letzten Kick.

4 Die Früchte mit weiteren süßen Beigaben aufspießen und in die heiße Schokomasse eintauchen.

Spargel

Man servierte zarte Lammkoteletts auf einem dichten Bett feiner Spargelspitzen. Sie aßen langsam und genießerisch das feine Fleisch und das Gemüse, das wie Sahne auf der Zunge zerging. Duroy begann wieder: Wenn ich eine Frau liebe, dann verschwindet alles andere auf der Welt.

(Guy de Maupassant, *Bel-Ami*)

Nicht nur Gigolos wie der attraktive Georges Duroy aus Maupassants berühmtem Roman, der die Damen der Pariser Gesellschaft nach allen Regeln der Kunst verführt, vertrauten auf die liebessteigernde Kraft der feinen Triebe der Spargelstaude. Auch im Indien der prachtliebenden Mogule und Kalifen wussten erfahrene Gefährtinnen der Liebe ihren erschöpften Liebhabern mit einem Spargelsud zu neuen Höhepunkten zu verhelfen. Wegen seines aufwändigen Anbaus zählte der Spargel seit jeher zu den edelsten Gemüsen, die jede Küche verfeinern. Selbst in schlichtester Zubereitungsweise entfalten die festen Sprossen mit ihren zarten, rosa bis violettfarben schimmernden Spitzen eine edle, zartbittere Note, die Lust auf amouröse Eskapaden macht.

Spargel mit Rosenbutter

Sinnliche Zeiten

Zubereitungszeit: 25 Min.

Für 2 Personen
600 g weißer Spargel
150 g grüner Spargel
Salz
Zucker
1 Scheibe Zitrone
3 EL Butter
4 unbehandelte Rosenblätter
einige Spritzer Rosenwasser
Meersalz, z.B. Fleur de Sel
Cayennepfeffer

1 Den weißen Spargel ganz, den grünen Spargel bis zur Hälfte schälen, die holzigen Enden abschneiden.

2 Reichlich Wasser in einem breiten Topf erhitzen, kräftig mit Salz und Zucker würzen und die Zitronenscheibe und 1 EL Butter dazugeben.

3 Den weißen Spargel einlegen und etwa 10 Min. bei geringer Hitze köcheln lassen. Dann den grünen Spargel dazugeben und weitere 2–3 Min. mitgaren.

4 Inzwischen die Rosenblätter fein hacken.

5 Die restliche Butter in einer Pfanne aufschäumen lassen, mit Rosenwasser, Meersalz und Cayennepfeffer würzen und die klein geschnittenen Rosenblätter einlegen.

6 Den Spargel aus dem Wasser heben. Den grünen Spargel schräg in mundgerechte Stücke schneiden. Den weißen Spargel auf vorgewärmten Tellern anrichten, mit dem grünen Spargel belegen und mit der Rosenbutter beträufeln. Am besten schmecken kleine »neue Kartoffeln« dazu.

Zugedecktes Spargelragoût mit Parmesan

Flauschiger Genuss

Zubereitungszeit: 40 Min.

Für 2 Personen

600 g weißer Spargel
1 EL Butter
1 Prise Zucker
Salz
Cayennepfeffer
100 g Sahne
100 ml Gemüsebrühe
150 g Tomaten
2 EL geriebener Parmesan (20 g)
1 Eigelb zum Bestreichen
2 Platten Blätterteig (150 g)
grobes Meersalz, z.B. Fleur de Sel
2 Prisen grober schwarzer Pfeffer
2 TL Pinienkerne
einige Zweige frischer Thymian

1 Den Backofen auf 200 °C (Umluft) vorheizen.

2 Den Spargel schälen, die holzige Enden abschneiden und schräg in etwa 2 cm große Stücke schneiden.

3 Die Butter in einem Topf (24 cm ø) erhitzen, die Spargelstücke darin ca. 8 Min. anschwitzen, dabei mit Zucker, Salz und Cayennepfeffer würzen. Dann mit Sahne und Gemüsebrühe ablöschen und weitere 4 Min. bei geringer Hitze garen – der Spargel sollte noch Biss haben.

4 Die Tomaten waschen, vierteln, entkernen und in mundgerechte Stücke schneiden.

5 Den Parmesan in die Spargelsauce einrühren. Die Sauce gleichmäßig in 2 feuerfeste Schälchen (etwa 15 cm ø) verteilen und mit den Tomaten bestreuen.

6 Eigelb mit einem Spritzer Wasser verrühren. Den Blätterteig mit dem Nudelholz quadratisch passend für das Schälchen ausrollen, die Ränder mit dem Eigelb bestreichen und die Schälchen damit abdecken, dabei den Blätterteig fest andrücken.

7 Die Oberfläche ebenfalls mit Eigelb bepinseln, mit je 1 Prise Meersalz, grobem Pfeffer, Pinienkernen und einigen Thymianzweigen belegen.

8 Das Spargelragout im Backofen etwa 12 Min. goldbraun und knusprig backen. Herausnehmen und sofort servieren.

Vanille

»Ich fand den Notar und seine einzige Tochter
vor einem großen Topf Schokolade à double Vanille
zu meiner Bewillkommnung. Die Liebesgöttin
lauschte hinter einem grünlichen Vorhang …«

(M.A. Thümmel: *Reise in die mittäglichen Provinzen von Frankreich im Jahr 1785 bis 1786*)

Eine aztekische Legende berichtet von dem betörend schönen Mädchen Vanila, das den Jüngling Xocolatl liebte. Doch ein böser Zauberer verzehrte sich vor Neid angesichts der übergroßen Liebe der beiden und verzauberte den Xocolatl in einen Baum und Vanila in eine wilde Orchidee. Doch auch in ihrer neuen Gestalt wollten die beiden nicht voneinander lassen, und die Blume umschlang in immerwährendem Verlangen ihren ehemaligen Geliebten. Seit jener Zeit ließ der balsamische Duft der Orchideenfrüchte alle Bitternis aus dem Herzen weichen und verlockt, die Süße des Lebens zu kosten. Madame Pompadour, die berühmte Mätresse Ludwigs XV., wusste das Parfum der edlen dunklen Schoten zu schätzen, um ihrem unersättlichen königlichen Liebhaber voll Hingabe zu begegnen.

Vanille-Quark-Soufflé

Fluffige Schaumspeise

Zubereitungszeit: 30 Min.

Für 2 Personen

1 Vanilleschote
60 g Magerquark
1 Eigelb (M)
1 Prise gemahlener Zimt
1 Spritzer Zitronensaft
1 TL Speisestärke (5 g)
1 Eiweiß (M)
1 Prise Salz
20 g Zucker
etwas Butter und Zucker für die Formen

Für die Himbeersauce:

50 g Himbeeren
1 TL Puderzucker
einige Spritzer Zitronensaft
Himbeeren zum Garnieren
Puderzucker zum Bestäuben

Außerdem:

2 feuerfeste Formen (à 100 ml)

1 Backofen auf 200 °C (Umluft) vorheizen.

2 Die Vanilleschote längs aufschneiden und das Mark herauskratzen.

3 Magerquark, Eigelb, Vanillemark, Zimt, Zitronensaft und Stärke glatt verrühren.

4 Das Eiweiß mit dem Salz steif aufschlagen, dabei nach und nach den Zucker dazugeben; vorsichtig unter die vorbereitete Quarkmasse heben.

5 Die Formen vollständig (auch den Rand) mit Butter einfetten, mit etwas Zucker bestreuen und der Quarkmasse füllen.

6 Die Formen auf ein tiefes Backofenblech setzen und so viel heißes Wasser dazugießen, dass die Formen etwa bis zur Hälfte im Wasser stehen. Die Quarksoufflés ca. 18 Min. backen.

7 Inzwischen Himbeeren, Puderzucker und Zitronensaft in ein hohes Gefäß geben, mit dem Stabmixer pürieren und durch ein feines Sieb streichen.

8 Das Soufflé aus dem Ofen nehmen, mit Puderzucker bestäuben und mit der Himbeersauce und einigen frischen Himbeeren servieren.

Eingebettete Pfirsiche auf Vanille-Sabayon

Für die Sinne

Zubereitungszeit: 15 Min.

Für 2 Personen

1 großer Pfirsich (240 g)
1 EL Pfirsichlikör
1 Vanilleschote
2 Eigelbe (M)
20 g Puderzucker
Saft 1/2 Orange (50 ml)
2 TL Alter balsamico (13 Jahre)
gehackte Pistazien

1 Den Pfirsich waschen, halbieren, das Fruchtfleisch vom Kern lösen, in mundgerechte Spalten schneiden und mit dem Pfirsichlikör beträufeln.

2 Die Vanilleschote der Länge nach aufschneiden und das Mark herauskratzen. Vanillemark, Eigelbe, Puderzucker und Orangensaft in einer Schüssel mit einem runden Boden verrühren.

3 Die Schüssel über ein heißes Wasserbad stellen und die Sabayon ca. 2 Min. weißschaumig aufschlagen. Die Schüssel vom Herd nehmen, die Masse in Schälchen verteilen, mit den Pfirsichen belegen, mit einigen Tropfen Aceto balsamico beträufeln und den gehackten Pistazien garnieren.

Menuevorschläge

Wer den Partner/die Partnerin der Begierde so richtig verwöhnen möchte, findet hier Anregungen, wie er ein sinnenfrohes und lustvolles Menue zusammenstellen kann. Natürlich ganz nach **Stimmung, Temperament, Neigung und Vorlieben**. Denn wie schon Gargantua sagte (auch wenn dieser das ausschließlich auf das Essen bezog): »Der Appetit kommt beim Essen« – und wer weiß, welche Art von Appetit damit entfacht werden kann …

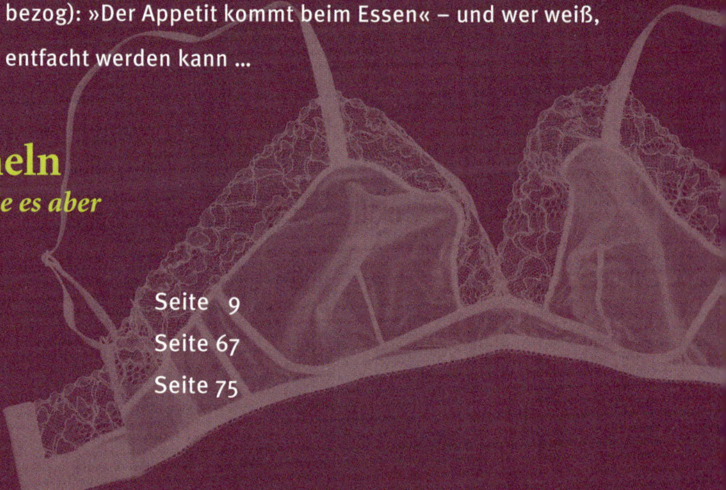

Blütenzartes Kuscheln

Ein Menue für Romantiker, die es aber dennoch wissen wollen.

Fleischige Austern in Tempura	Seite 9
Spargel mit Rosenbutter	Seite 67
Eingebettete Pfirsiche auf Vanille-Sabayon	Seite 75

Feuer und Flamme (Heiß und feurig)

Temperament und Leidenschaft – das verspricht dieses Menue

Lachsspieß mit Honig-Ingwer-Marinade	Seite 43
Ente mit flambierten Feigen	Seite 29
Schokokuss mit eingelegten Kirschen	Seite 61

Die Scharfmacher

Zum Verführen ganz besonders geeignet – gerade, wenn der andere erst mal noch nicht weiß, was für Freuden ihn erwarten

Prickelnd um den Finger gewickelt

Spannungsreiches Spiel mit lustbetonten Gaumenfreuden

Im 7ten Himmel

Zum Betören und Verlocken – dank der Aromen eine kulinarische Oper für alle Sinne

Anmerkung

Die Qualität der verwendeten Produkte ist entscheidend. Und was Monika Schuster am Herzen liegt: der Pfeffer sollte immer frisch gemahlen aus der Mühle zum Einsatz kommem.

Rezeptregister

ALPHABETISCHES REGISTER

REGISTER NACH PRODUKTEN

Literaturnachweis

Giovanni Boccaccio:
Das Dekameron. Der dritte Tag. Insel Verlag, Frankfurt am Main 1982

Giacomo Casanova:
Geschichte meines Lebens. Band 2, Aufbau Taschenbuch Verlag GmbH, Berlin 1998

Max Frisch:
homo faber. Suhrkamp-Verlag, Frankfurt am Main 1998

Guy de Maupassant:
Bel Ami. Deutscher Taschenbuch Verlag GmbH & Co KG, München 1996

Henry Miller:
Stille Tage in Clichy. Büchergilde Gutenberg, Frankfurt am Main 2001

Jean Paul:
Hesperus oder 45 Hundposttage. Eine Lebensbeschreibung. Piper Verlag, München 1987

Arthur Schnitzler:
Casanovas Heimfahrt. S. Fischer Verlag, Frankfurt 1987

Shakespeare:
Romeo und Julia. Übers. v. A.W. v. Schlegel, Sämtliche Dramen, Band 3 Tragödien. Winkler Verlag, München, 1988

Johannes Mario Simmel:
Es muss nicht immer Kaviar sein. Schweizer Verlagshaus AG, Zürich 1966

Paul R. Zech:
Ausgewählte Werke, Villon-Nachdichtungen. Hrsg. v. Bert Kasties. Shaker Verlag, Aachen 1998

Impressum

Die Autorinnen

Anna Cavelius studierte Philosophie (M.A.), Geschichte und Deutsch als Fremdsprache in München, Paris, Siena und Salamanca. Seit 1995 arbeitet sie als freie Autorin, Journalistin und Übersetzerin; ihre Bücher haben sich mehr als 900000 mal verkauft und wurden in mehrere Sprachen übersetzt. Ihre persönliche Vorliebe gilt den kulinarischen Genüssen, welcher Art auch immer.

Monika Schuster, ist gelernte Köchin und Küchenmeisterin, die u.a. auch die Ladengastronomie des renommierten Feinschmeckerparadieses »Dallmayr« in München leitete. Neben Rezeptentwicklungen für Großmeister E. Witzigmann und zahlreiche Industriekunden arbeitet Monika Schuster auch als Food-Stylistin. www.monika-schuster.de

Die Fotografin

Maike Jessen, seit 1997 selbstständige Fotografin in Hamburg, hat sich auf Food-Fotografie spezialisiert. Da Essen aber oft mit Menschen verbunden ist, hat sie Portrait- und Still-Fotografie integriert. An diesem Buch machte ihr besonders die »sinnliche Umsetzung« Spaß, was sie mit den Stylistinnen Diane Dittmer und Tina Bormann teilte.

Programmleitung: Doris Birk
Konzeption und leitende Redakteurin: Stephanie Wenzel
Layout: independent Medien-Design, München;
Sandra Gramisci (Umschlag),
Antonie Kössler (Innenlayout)
Satz: Bernd Walser Buchproduktion, München
Herstellung: Gloria Pall
Reproduktion: Fotolito Longo, Bozen
Druck und Bindung: Appl/Conzella

ISBN (10) 3-8338-0578-1
ISBN (13) 978-3-8338-0578-3

Wir danken der Firma slips.fashion, München, für die freundliche Bereitstellung der Dessous.

GRÄFE UND UNZER

Ein Unternehmen der
GANSKE VERLAGSGRUPPE

DAS ORIGINAL GU MIT GARANTIE

Das Original mit Garantie

Ihre Meinung ist uns wichtig. Deshalb möchten wir Ihre Kritik, gerne aber auch Ihr Lob erfahren. Um als führender Ratgeberverlag für Sie noch besser zu werden. Darum: Schreiben Sie uns! Wir freuen uns auf Ihre Post und wünschen Ihnen viel Spaß mit Ihrem GU-Ratgeber.

Unsere Garantie:
Sollte ein GU-Ratgeber einmal einen Fehler enthalten, schicken Sie uns das Buch mit einem kleinen Hinweis und der Quittung innerhalb von sechs Monaten nach dem Kauf zurück. Wir tauschen Ihnen den GU-Ratgeber gegen einen anderen zum gleichen oder ähnlichen Thema um.

GRÄFE UND UNZER VERLAG
Redaktion
Kochen & Verwöhnen
Postfach 86 03 25
81630 München
Fax: 0 89/41981-113
E-Mail: leserservice@graefe-und-unzer.de